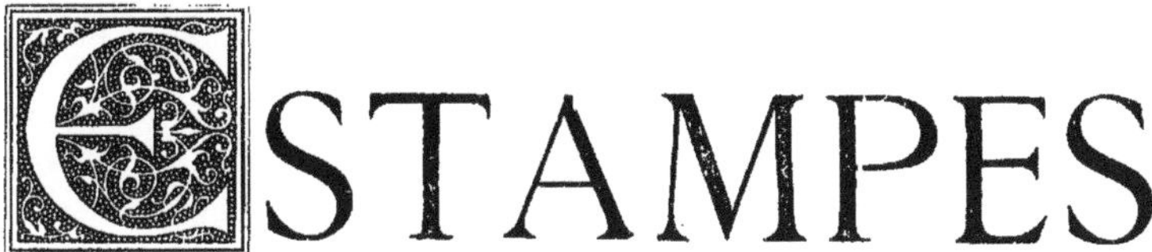

ESTAMPES

ET

DESSINS

Vente des 19 et 20 mai 1881

Me MAURICE DELESTRE
COMMISSAIRE-PRISEUR
27, rue Drouot, 27

M. F. PERICHOT
MARCHAND D'ESTAMPES, LIBRAIRE
24, rue Rodier, 24

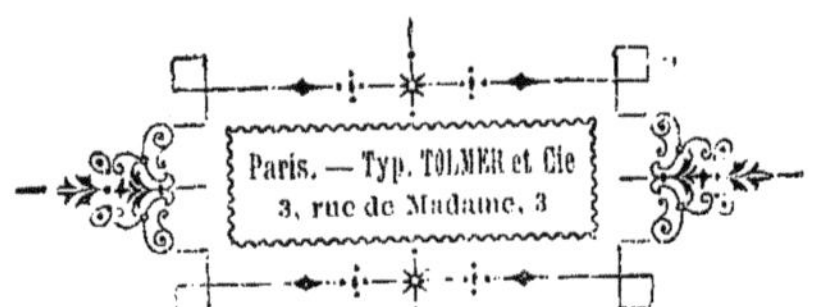

Paris. — Typ. TOLMER et Cie
3, rue de Madame, 3

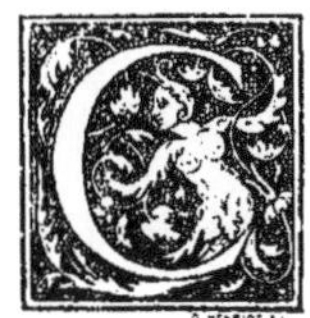

CATALOGUE

ALDEGRAVE

1 — Jésus couronné d'épines, petite pièce. — Personnage devant un roi, épreuve malade.

Deux pièces.

2 — BALLONS. — Quatre feuilles. Retirages.

BERGHEM (NICOLAS)

3 — Le Joueur de flûte, deux pièces. — Copie de cette pièce par De Boissieu.

En tout trois pièces.

4 — BOIS. — Marques de librairies, gravures sur bois et cuivre. — Lettres et frises.

Environ soixante-quinze pièces.

CALLOT (JACQUES)

5 — Les supplices.

Très-belle épreuve du quatrième état.

6 — Sanctus Livarius.

Belle épreuve rare.

7 — Titres.

Deux pièces en bon état.

8 — Les Noces de Cana. — Le festin chez Simon. — La Pâque. — Le festin d'Emmaüs.

Quatre petites pièces.

9 — Les vices.

Six petites pièces.

10 — La vie de la vierge.

Suite de douze pièces dont nous n'avons que onze, plus trois en double. — En tout 14 pièces.

11 — Les Martyrs.

Suite complète de 16 pièces, y compris le titre. Bonnes épreuves.

12 — La Passion.

En tout douze petites pièces.

13 — Le couronnement d'épines, avant la lettre et les ombres. — Cinq pièces de la Passion. — Quatre des doubles.

En tout 10 pièces.

14 — La Chasse.

Belle épreuve sur papier fort.

15 — La vie de l'enfant prodigue.

Onze pièces.

16 — Misère de la guerre, par Jacques Callot. Et mise en lumière par Israël Henriet, Carolus Allard. Excudit.

Suite de huit pièces.

17 — Les Gueux. C. Visscher, excudit.

Suite de vingt-quatre pièces, grandes marges.

18 — Autre suite.

Vingt-quatre pièces.

19 — Seigneurs et Dames.

Huit pièces anciennes, mais en mauvais état.

CARMONTELLE ET CHODOWIECKI

20 – La malheureuse famille, Càlas.

Deux pièces.

CHODOWIECKI

21 — Douze vignettes pour Don Quichotte.

COMPTE CALIX

22 — Six tableaux, scènes coloriées de la bonne compagnie parisienne.

Manque le n° 4. En tout cinq pièces.

23 — COSTUMES. — Les Grâces Poissardes. — Les Grâces Villageoises.

Deux pièces coloriées, belles épreuves.

24 — Costumes pour un tournoi.

Onze pièces à grandes marges.

COYPEL (Ch.)

25 — Don Quichotte.

Belle suite de vingt et une pièces, petit in-folio. Estimée.

26 — Autre suite, gravée par Bern. Picart et J.-V. Schley.

Vingt pièces au lieu de vingt-cinq. Manque le n° 3.

DOW (Gérard)

27 — Le vieillard en réflexion, gravé par Voyez. — Le hachis d'oignons. — L'Amateur des Arts et des Sciences, par Al. Tardieu. — La fleuriste, par de Marcenay.

Très-bonnes épreuves.

DUCHANGE (G.)

28 — Junon et Jupiter, d'après Coypel.

Très-belle épreuve.

FOUCHÉ (N.)

29 — Diane surprise.

Gravé par Desplaces.

FLODING

30 — Le Sommeil.

JORDANS (J.)

31 — Récréation de la table.
Belle épreuve gravée par A. Moitte fils.

GAILLARD (B.)

32 — L'Amour à l'école.

GESSNER (Salomon)

33 — Paysages dédiés à M. Watelet.
Dix pièces grandes marges.

34 — Suite de paysages, douze pièces. — Suite de sujets.
Dix pièces. En tout vingt-deux pièces.

HURET

35 — Les Sciences.
Sept pièces curieuses.

LA BELLE (Étienne de)

36 — Album de treize paysages romains.
Très-belles épreuves.

37 — Six frises d'ornements.

LEBRUN (Charles)

38 — Cinq pièces in-folio du plafond du château de Sceaux.

LA FAGE

39 — Reproductions de ses dessins et le portrait de l'éditeur.
Quarante-sept pièces.

LE CLERC (Sébastien)

40 — Quinze petites vues.
Gravées au trait.

LEMESLE

41 — Suite complète pour le Lutrin.

Huit planches très-rares.

42 — LETTRES. — Alphabets français et allemand.

Dix feuilles, belles épreuves.

LEVASSEUR (J.-C.)

43 — Circé et Ulysse.

Très-belle épreuve avant la lettre. Deux petites déchirures dans les marges.

LUCAS (DE LEYDE)

44 — Rinceaux.

Belle épreuve, manque un petit coin dans la marge.

MANTEGNA (ANDRÉA)

45 — Personnages à cheval sur des monstres marins.

Rognée sur le bord gauche. Très-rare.

46 — MINIATURES. — Dix lettres sur vélin, petites fleurs en soie sur papier.

PERELLE

47 — Livre de paysages.

Suite de douze pièces gravées par Huquier. Grandes marges.

PÉRIGNON

48 — Paysages.

Trente-trois pièces à l'eau-forte, réunies dans un petit carton.

PILLEMENT

49 — L'Entrée du bois.

Belle épreuve.

POILLY (FRANÇOIS DE)

50 — Naissance de Jupiter.

Grande pièce in-folio.

POTTER (P. Paul) et **DUJARDIN** (Karl)

51 — Sept feuilles d'animaux. — Neuf feuilles d'après Dujardin.

En tout seize pièces.

52 — RABELAIS. — Dix-huit gravures sur bois pour les songes drôlatiques de Pantagruel.

53 — RELIGION. — Expulsion des Jésuites. — Arrivée des Jésuites expulsés à Rome.

Deux pièces curieuses.

REMBRANDT

54 — David et Bethzabée.

Grand in-folio gravé par Moreau le Jeune. Rare.

SILVESTRE (Israël)

55 — Vues de France et d'Italie. — Vues par Perelle, Séb. le Clerc, etc.

En tout cinquante-sept pièces.

TENIERS (David)

56 — Le Repos, par P. Chenu. — Les Joueurs de boules, eau-forte. — La Montagne de Sable. — L'Estaminet tranquille, par J. Tardieu. — La danse, par L. Truchy. — L'Arc-en-Ciel, par J. Wagner. — IXe Vue de Flandres, par Ph. Lebas. — Saint-George, par J. C. le Vasseur. Deux lots.

En tout huit pièces, bonnes épreuves.

TIÉPOLO

57 — Huit pièces à l'eau-forte.

Bonnes épreuves.

VANHECK (a Paris chez)

58 — Les Tuileries.

Grande pièce coloriée.

VANLOO (Charles)

59 — Enée sauvant son père.

Belle épreuve gravée par N. Dupuis.

VAN OSTADE

60 — Le Concert.

Bonne épreuve.

61 — Homme parlant à une vieille.

Belle épreuve de 5e état. Rare.

62 — La Rixe. Belle épreuve remargée, gravée par Suyderhoef. — Intérieur par Corn. de Visscher, très-belle épreuve. — Le Concert rustique. — Intérieur de ferme, quatre pièces. — Vertue (Georges) et Vanderbank (J.).

63 — Don Quichotte.

Vingt pièces, dont un portrait de Cervantes.

VOYEZ (F.)

64 — Le vieillard surveillant.

Belle épreuve.

WILLE

65 — Dix-huit paysages par Wille, Genoels, etc.

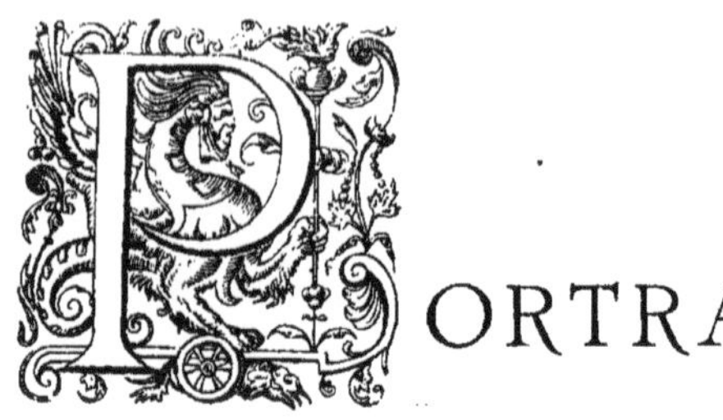

ORTRAITS

CLASSÉS PAR GRAVURES

ALIX

66 — Guillaume Tell.

Gravé, en couleur, avant la lettre, bonne épreuve.

67 — Pie VII.

En couleur, bonne épreuve, mouillée légèrement dans l'inscription.

AUDRAN (Jean)

68 — Coyzevox (Antoine), sculpteur.

Bonne épreuve.

69 — Le même portrait.

Bonne épreuve, petite marge

BOSSE (Abraham)

70 — Louis XIII à genoux.

Très-belle épreuve, courte de marge.

BOYVIN (René)

71 — Boccace (Jean).

Joli portrait avec un encadrement de fleurs et d'insectes.

CHEREAU (François)

72 — Boileau.

Beau portrait, petit in-4° rare.

COCHIN (C.-N.)

73 — Diderot (D.), belle épreuve gravée par Cathelin.

CHASTRE DE BILLI. Deux pièces.

74 — Fréron (E.-C.)

Bonne épreuve, gravée par Hubert, petite marge.

75 — Hurson (C.-M.), intendant de Toulon.

Gravé par Watelet.

76 — Godefroy de Villetaneuse. — N. Roze. — J. Gosseamme.

Trois pièces découpées en rond.

77 — Godefroy de Villetaneuse. — M. G. Fieux.

Deux pièces, belles épeuves.

78 — Montholon (Nicolas de), gravé par Nicolet.

Bonne épreuve, grande marge.

79 — Slodtz (Paul-Ambroise.) — Slodtz (Michel-Ange). — Slodtz (Sébastien-Antoine).

Trois portraits, gravés par Laurent Cars.

80 — Halle (Noel), peintre du Roy.

Belle épeuve, petite marge.

81 — Mondonville (J.-J.), Cassanea,

Belle épreuve, gravé par Delatre.

82 — Edme Bouchardon, gravé par C.N.Cochin.

Deux épreuves dont une découpée et remontée façon chine.

83 — Turgot (A.-R.-J.), contrôleur général des Finances.

Très-belle épreuve, gravée par Dupin.

84 — Louis XV. Statue placée à Reims.

Gravée par C.-N. Cochin, d'après J.-B. Pigalle.

85 — Restout (J.)

Très-belle épreuve, grande marge.

86 — Hue (A.-R.), Marquis de Miroménil.

Gravé par E.-L. Prévost. Belle épreuve.

87 — Gaspard Ducharge. Bonne épreuve gravée par N. Dupuis. — Dodard (D.), gravé par Watelet.

Épreuve rognée. En tout deux pièces.

FICQUES (E.)

88 — Charles Eisen.

Portrait pour le second volume des *Contes de La Fontaine*. Très-bonne épreuve, petites marges.

GAUCHER (C.-S.)

89 — Hommages rendus à la mémoire de Mirabeau...

Gravé par Gaucger, en 1792. Superbe épreu e avant la légende explicative, les noms gravés à la pointe. Très-rare.

90 — Le même sujet.

Bonne épreuve avec la lettre.

91 — Fortunée Briquet.

Belle épeuve, grandes marges.

92 — Joachim du Bellay et Pierre Ronsard.

Deux pièces.

93 — J.-Paul-André de Saint-Marc.

Très-belle épreuve, grandes marges.

GAULTIER (Léonard)

94 — Josias Bérault. — P. Masson.

Deux pièces avec du texte au dos.

GOLTZIUS (Hubert)

95 — Portrait d'un personnage de profil et de face.

Deux pièces. Retirage.

JANINET

96 — Mme Dugazon. Rôle de Nina.

Gravé en couleur, bonne épreuve.

97 — M. Dugazon. Rôle du Chevalier Forbignac.
Très-bonne épreuve, gravée en couleur.

98 — Mlle Guémard, dans le ballet du Navigateur.
Bonne épreuve.

99 — Sully (Maximilien de Béthune).
Imprimé par Blin.

LEU (Thomas de)

100 — Henry III, roi de France (N° 392).
Bonne épreuve rognée. Rare.

101 — Le même portrait en sens inverse.
Très-belle épreuve, texte au dos.

102 — Henry IV sur un trône, un pied sur des armes.
Epreuve très-rare, texte au dos.

103 — Henry de Montmorency. — Pierre Molin.
Deux pièces.

NANTEUIL

104 — Le Masle (Michel).
Belle épreuve, un petit coin coupé.

105 — Charles de Lorraine.
Très-bonne épreuve sans marges.

PRADIER (C.-S.)

106 — J. Murat, d'après Gérard.
Beau portrait avant la lettre.

SAINT-AUBIN (Auguste)

107 — François de Salignac de la Mothe-Fénélon.
Superbe épreuve d'après Y. Vivien.

SCHUPPEN (P. Van)

108 — Arnauld. La Mère, Mme Angélique, dernière abbesse titulaire de Port-Royal.

Très-belle épreuve.

WANGÉLISTEI

109 — Du Couedic, capitaine de vaisseau. Au-dessous, combat naval du 5 octobre 1779.

Belle épreuve.

110 — Condé (L.-H.-Joseph de Bourbon).

Très-belle épreuve.

WOEIRIOT (Pierre)

111 — Son portrait par lui-même.

Pièce en superbe état, de la plus grande rareté, imprimée sur vélin.

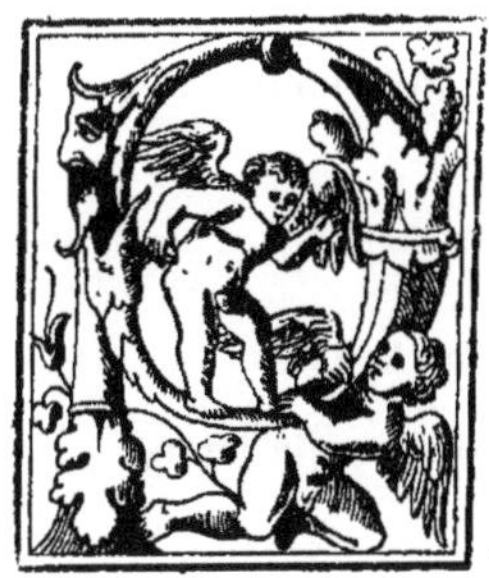

ORTRAITS

CLASSÉS PAR NOMS DE PERSONNAGES

---

112 — BEAUMARCHAIS. — Beau portrait par Étion.

Superbe épreuve avec la tablette et les lettres blanches.

113 — BELLOY (P.-Laurent de). — Charmant portrait dans un médaillon gravé par Saint-Aubin.

Deux pièces, copie de ce même portrait, par C.-F. Fritch. En tout trois pièces.

114 — BÉRANGER.

Lithographie de V. Ratier.

115 — BONAPARTE. — Dessiné par Carle Vernet, gravé par P. Simon.

Rare épreuve à l'eau forte.

116 — CHALIER, procureur de la Commune à Lyon, gravé par Levachez.

Deux épreuves.

117 — CHARLES EMMANUEL, prince de Piémont. Chez Esnauts et Rapilly.

118 — CHARLOTTE, reine de Danemark. A Paris, chez Trouvain.

Très-belle épreuve.

119 — COLOMBE (Mlle). — Rôle de Bélinde.

Bonne épreuve gravée en couleur.

120 — CONDÉ (Louis-Joseph de Bourbon). Chez Esnauts et Rapilly.

Belle épreuve.

121 — ELLIOT (le général).

Superbe et rare epreuve avant la lettre.

122 — ELLIOT. — Même portrait avec la lettre.

123 — FAVART (Mme). — Rôle de Roxelane.

Très-bonne épreuve en couleur.

124 — GACON (Francois), poète français, né à Lyon, en 1667, gravé par E. Destriches.

Bonne épreuve.

125 — GARDEL (le jeune).

Gravure en couleur. Bonne épreuve.

126 — GEORGES IV. — Gravé par Th. Wright. — Le duc de Wellington, deux portraits.

En tout trois pièces.

127 — GESSNER (Salomon). — Portraits par Saint-Aubin, Ingouf, Cl. Kohl, etc., etc. — Le monument de Gessner à Zurich.

En tout neuf pièces.

128 — GROS DE BOZE (Claude).

Gravé par N. Dupuis.

129 — JEANNE D'ARC. — Portrait gravé par Noël le Mire, d'après un ancien tableau de l'Hôtel de Ville d'Orléans.

Très-belle et rare épreuve

130 — JEANNE D'ARC. — Gravée par B. Moncornet.

Belle épreuve rare.

131 — LOUIS XIV. — Statue équestre placée autrefois sur la place Louis-le-Grand (actuellement Vendôme).

Eau forte pure.

Même épreuve terminée avec la lettre.

Deux pièces.

132 — LOUIS XVI. — Gravé par Hubert, Sullin, Levachez, etc.

En tout neuf pièces.

133 — LOUIS XVII. — Petit médaillon.

134 — LUCAS DE LEYDE, peintre et graveur.

Beau portrait remargé.

135 — MAHÉ DE LA BOURDONNAIS (Bert.-Franç.).

En couleur, gravé par Ridé, d'après Naigeon.

136 — MAILLARD (Mlle). — Rôle d'Armide.

Gravé en couleur.

137 — MIRABEAU.

Belle épreuve gravée par G. Flésinger.

138 — MOLIÈRE. — Gravé par Gilbert, d'après le portrait de la Comédie-Française.

Épreuve sur chine.

139 — MUSICIENS. — Mozart — F. Schubert — Paganini — Ad. Adam — G. Meyerbeer — H. Berlioz — Boïeldieu — Rossini.

En tout huit pièces.

140 — NECKER. — En couleur, d'après Duplessis.

Très-belle épreuve gravée par Sergent.

141 — NECKER, par Levachez, Legrand, etc.

En tout huit pièces.

142 — NECKER.

Beau portrait en couleur à trois teintes.

143 — NEY (maréchal).—Épreuve coloriée en noir etc., etc. — Le maréchal Ney mort couché sur un brancard; belle épreuve avant la lettre.

En tout six pièces.

144 — PENTHIÈVRE (Louis-J.-Marie, duc de).

Bonne épreuve.

145 — PERRICHON (Camille), conseiller d'État et prévôt des marchands de Lyon, gravé par Seraucourt. In-folio.

Belle épreuve doublée.

146 — PÉRICHON (Camille). — Gravé par Schmidt.

Trois épreuves.

147 — PERSONNAGES DIVERS.

Dix-neuf portraits, dont plusieurs de Calamatta, avant la lettre.

148 — RENAUD (Mlle Cadette). — Rôle de Vénus.

Bonne épreuve en couleur.

149 — RÉVOLUTION. — Généraux de la République française et de l'empire.

Trente-cinq pièces.

150 — Députés, membres du Directoire et personnages célèbres.

Dix-neuf pièces.

151 — REY (Ant.-Cl.), lieutenant-général de police de la ville de Lyon.

Épreuve médiocre.

152 — SAINT-HUBERTI (Mlle). — Rôle de Didon.

Gravée en couleur, d'après Dutertre.

153 — SAINT-HUBERTI dans le rôle d'Iphigénie.

Bonne épreuve en couleur.

154 — SÉBASTIEN LE CLERC. — La gravure soutenant son portrait médaillon, couronné par le dessin. Petit frontispice gravé par Prévost. Belle épreuve, grandes marges. — Sébastien Le Clerc de la suite d'Odieuvre, gravé par P. Dupuis.

En tout deux pièces.

155 — VAN OSTADE. — Portrait à la manière noire.

156 — VITET (L.), médecin, né à Lyon en 1736. Gravé par Tardieu l'aîné.

PORTRAITS ANGLAIS

157 — SMITH (Miss).—Manière noire gravée par C. Spooner.

Très-belle épreuve

158 — Portrait de femme trouvant l'amour endormi.

Superbe épreuve à la manière noire, gravée par Th. Burke. Avant la lettre.

159 — NORTHUMBERLAND (Élisabeth, comtesse de).

Manière noire par Th. Watson d'après Peter Lely. Très-rare.

160 — WILLIAMS (Miss Louisa). — Portrait médaillon à la manière noire gravé par Wilson.

Très-beau portrait.

161 — Ray (Miss Martha).

Manière noire par N. Green.

162 — RICARDI (Mme). — Beau portrait par Ward, à la manière noire.

163 — FORDYCE (Miss). — Gravée à la manière noire, par Ph. Corbutt.

Rare.

164 — NAITER (Miss). (Sous les traits d'Hébé).

Manière noire de W. Dickinson. Belle épreuve.

165 — FORDYCE. — Beau portrait à la manière noire, gravé par Th. Walson.

166 — DEMPSTER (Miss). — Manière noire, gravée par J. Watson.

Très-belle épreuve avant la lettre Rare en cet état.

167 — HAMILTON (William).

Manière noire par H. Hudson. Très-rare.

168 — MADNESS. Manière noire, par Dickinson.

Belle épreuve.

169 — SIDDONS (Mrs.). dans le rôle de la belle grecque, portrait médaillon, par Sherwin.

170 — SIDDONS. Dans le rôle de la belle grecque, grand in-folio, gravé par Carol, Watson.

171 — SAVILE (Sir George). — Gravé par M. Basire.

172 — MARY (Sophie et Amélia), princesses. Gravé, par Bartolozzi.

173 — SAINT-AUBIN (Lady). — Gravé par Saint-Aubin.

Très-rare.

174 — La Cour à Winsor.

Eau forte pure.

GRAVURES ANGLAISES

175 — Sartjee, Vénus des Hottentots.
Deux pièces curieuses.

176 — Fidélia and Spiranza.
Gravée par T. Green à la manière noire. Belle, rare.

177 — Les Noisettes.
Gravé par Tomkins, ovale avant la lettre.

178 — Rubens et sa famille.
Gravés par J. Watson. Très-belle épreuve rare.

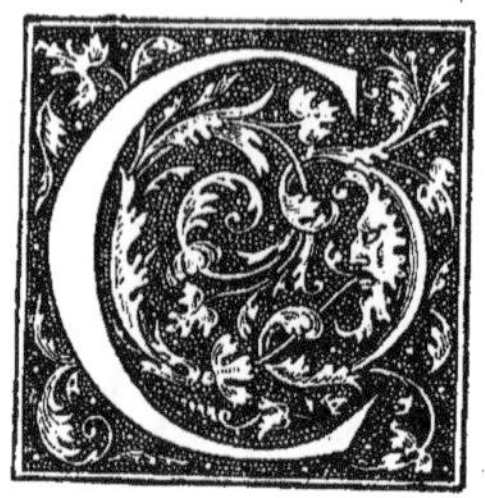

ARICATURES

179 — Caricatures sur les piqueurs et les piqûres.

Neuf pièces coloriées en bon état.

180 — Caricatures sur les Calicots. Chez Martinet.

Quatorze pièces coloriées. Belles épreuves.

181 — Facéties de M. Mayeux, par J. Traviés.

Huit pièces coloriées.

182 — Lithographe. — Sculpteur. — Actrice. — Journaliste. — Musicien. — Banquier.

En tout sept pièces, dont une double.

183 — Les trois libertés. — La balance politique. — Les journaux.

Trois pièces.

184 — Caricatures anglaises. — Conséquence de la Révolution française. Deux pièces. — Préliminaires de Paix. Une pièce.

En tout trois pièces.

185 — La Contre-Révolution.

Grande pièce en largeur coloriée. Rare.

186 — La Contre-Révolution ratée ou les paniers percés.

Pièce curieuse et rare.

187 — A beau prêcher, qui n'a le cœur de bien faire.

Caricatures sur les prêtres. En tout huit pièces.

188 — Dédié au très-cher oncle le cuisinier.

Une pièce.

189 — Vive la Danse et le Pas de trois.

Caricature sur le Clergé, la Noblesse et le Tiers-État. Pièce très-rare.

190 — Grande Composition sur l'expulsion des moines.

Composition par Chevreux. Très-rare.

191 — Galerie auvergnate. Cinq pièces. Le cache-pot et tu as rempli... Deux pièces. Etude d'après la bosse. Une pièce.

En tout huit pièces coloriées.

192 — La Main chaude. — Les Quatre coins. — Le Colin-Maillard.

Trois, pièces par Bosio.

ÉVOLUTION

193 — L'Accomplissement du Vœu de la Nation, le 4 mai 1789.

Pièce en largeur.

194 — Prise de la Bastille, le 14 juillet 1789. — C'est ainsi que l'on punit les traîtres.

Deux pièces sur la même feuille.

195 — Pillage de l'Hôtel de Ville de Strasbourg, le 22 juillet 1789.

196 — A Versailles, à Versailles, le 5 octobre 1789.

Pièce curieuse, coloriée.

197 — Le Champ de Mars, le 14 juillet, 1790.

Très-belle épreuve gravée en couleur, par J.-B. Chapuy.

198 — Fondation de la République, le 10 août 1792. A Paris, chez Basset.

Eau forte.

199 — Exécution de Louis Capet, seizième de son nom, le 21 janvier 1793.

A Paris, chez Basset. Pièce très-rare.

200 — Arrestation de Robespierre, le 27 juillet 1794. — Mort de Robespierre, le 28 juillet, 1794

Deux pièces.

201 — Fête de la Liberté, à Amsterdam, 4 mars 1795.

202 — Serment fait par 1.500 républicains français, à Montenesimo, gravé par Koch à Rome.

203 — Le Calculateur patriote.

Pièce très-curieuse et rare, manque de conservation.

204 — La Machine infernale, gravée par Poll.

Bonne épreuve.

205 — Statue de la République.

Gravure à l'Aqua-teinte avant toute lettre.
De la plus grande rareté.

206 — Enterrement civil, gravé par Ducros, d'après Sablet. (Voir Genouvier, page 148, vol. I).

Cette pièce coloriée à l'aquarelle est rare; malheureusement notre exemplaire n'a que peu de marge.

207 — Prix d'émulation 1793. Hommage des Arts. (Institution tenue par les citoyennes Hurard, à Rouen).

Superbe épreuve dessinée par Cochin, gravée par B.-L. Prévost. Epreuve en bon état. Très-rare.

GRAVURES EN COULEUR

ANONYME

208 — Paul et Virginie. A Paris, chez Desmarquette, rue des Fontaines, 30.

Six pièces en rond.

DEBUCOURT

209 — Le Tailleur.

Pièce curieuse, n'a malheureusement pas de marges.

DESCOURTIS

210 — Vues de Suisse, quatre pièces.

Superbe état avant toute lettre.

211 — Vues de Suisse, cinq pièces.

212 — Suite complète de six pièces pour Paul et Virginie.

Très-belles épreuves.

213 — L'Enfant prodigue en débauche.

Très-belle épreuve. Grandes marges.

JANINET

214 — Repas des Moissonneurs.

Belle épreuve.

215 — La Noce de Village.

Pendant de la pièce précédente. Superbe épreuve, sauf un pli sur le côté facile à faire disparaître.

216 — Restes du Palais du pape Jules, d'après H. Robert.
Bonne épreuve.

JAZET

217 — Don Quichotte, trois pièces.
Bonnes épreuves.

HUET (J.-B.)

218 — Vue de l'Intérieur d'une ferme, gravée par Jubier.

LONGUEUIL (DE)

219 — Les Dons imprudents.
Pièce rare, bonne épreuve.

220 — Huit pièces sur l'Histoire de France, gravées par Morret.

221 — Vingt-sept, pièces d'après Sergent par Morrelt, Le Cœur et Roger.

VAN OSTADE (D'APRÈS)

222 — Le Lecteur.
Gravure en couleur sans marge.

ÉCOLE FRANÇAISE

ANONYME

223 — Léda? femmes jouant avec un cygne.

Grand in-folio en travers, rogné.

BOUCHER

224 — Chaises, canapés, tabourets, baignoires, chiffonières, etc.

En tout onze feuilles d'ornements.

BOUCHER (François)

225 — Les Amours pastorales. Les deux pendants.

Belles épreuves, grandes marges.

226 — Tête de jeune fille, gravée par Huquier.

COUCHÉ

227 — L'Amour volage.

Épreuve rognée.

COYPEL (Charles)

228 — La Folie pare la Décrépitude.

Pièce curieuse, gravée par L. Surugue.

DUPLESSIS-BERTAUX

229 — Ellevion aux Champs-Elysées.

Premier état, très-belle épreuve.

230 — Ellevion aux Champs-Elysées.

Deuxième état avec les arbres et le dernier plan. Rare.

231 — Bataille de Marengo.
Belle épreuve d'une pièce rare.

232 — Cérémonie dans la cour du Louvre.
Bonne épreuve.

FRAGONARD (Honoré)

233 — Le Serment d'amour.
Bonne épreuve.

234 — La Fontaine d'amour.
Gravée par N.-F. Regnault. Bonne épreuve.

235 — Le Songe d'amour.

FRAGONARD (fils)

236 — Berquinade.
Pièce en ovale à l'eau-forte pure.

GILLOT

237 — Rendez-vous de chasse.
Contre-.preuve à l'eau forte pure. Belle épreuve.

238 — Le Sabat.
Deux pièces burlesques coloriées.

HUET (J.-B.)

239 — Chèvres et moutons.
Gravés par Demarteau, n° 350, à la sanguine.

HOUEL

240 — Paysages.
Cinq pièces à la sanguine.

JEAURAT (E.)

241 — Déménagement d'un peintre.
Petites déchirures sur les côtés.

242 — Le mari jaloux. — Le Goûté.
Deux pièces en bon état.

LANCRET

243 — Le Midi.

Gravé par de Larmessin. Belle épreuve.

244 — Le Maître galant.

Gravé par Le Bas.

245 — La Belle complaisante. — Le Trictrac. — La Courtisane amoureuse. *Conte de La Fontaine.*

En tout trois pièces.

LE BAS

246 — Revue au Trou d'Enfer.

Petites déchirures.

MARILLIER

247 — Titre pour une Géographie.

Eau-forte avancée. Rare.

MOREAU (le Jeune)

248 — Arrivée de J.-J. Rousseau aux Champs-Elysées. — Réception de Voltaire aux Champs-Elysées par Henri IV.

Epreuves malades.

PRÉVOST

249 — Bataille de Jules César.

A l'eau-forte pure.

250 — RAMPONAUX (Jean). Son cabaret.

Très-bonne épreuve. Très-rare.

REGNAULT (N.-F.)

251 — La Leçon de dentelle.

Très-bonne épreuve courte de marge.

TOURNAY (Claire)

252 — Le Prêtre du Catéchisme.

D'après Duménil (Junior).

WATTEAU (Antoine)

253 — Les Acteurs de la Comédie Italienne.
Belle épreuve. grande de marge.

254 — La Leçon de musique.
Très-belle épreuve.

255 — L'Amante inquiète.
Belle épreuve.

256 — La surprise.
Marge courte dans le bas. Bonne épreuve.

257 — Fètes Vénitiennes.
Avec l'adresse de Joly.

258 — Sous ce numéro, il sera vendu par lots un nombre de gravures du XVIIIe siècle.

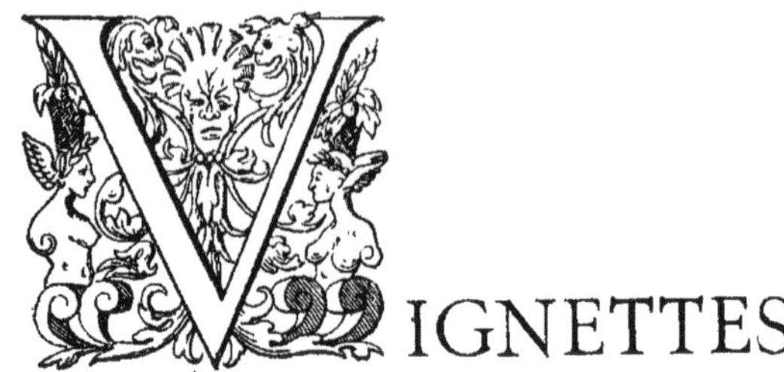

VIGNETTES

ALMANACH

259 — Treize petites vignettes pour un almanach du commencement du siècle.

A l'eau-forte, rare.

COCHIN (C.-N.)

260 — Roland furieux. Six vignettes avant le cadre. — Quatorze de la même suite avec le cadre.

En tout vingt pièces. Belles marges.

261 — Frontispice pour Piron. — Petit cul de lampe.

Deux pièces.

262 — Trois culs de lampe.

Très-belles épreuves d'un tirage à part.

263 — Le Médecin observateur.

Charmante vignette. Rare.

EISEN (CHARLES)

264 — Quatre culs de lampe.

Belles épreuves en tirage à part.
Illustration pour l'œuvre de Dorat.

265 — Eisen. — Mes Fantaisies. — Les Tourterelles de Zelmis.

Deux pièces, très-belles épreuves.

266 — La Déclamation théâtrale. — Irza et Marsis.

En tout six pièces. Bonnes épreuves.

267 — Les Cerises. — Les Dévirgineurs, etc.

En tout six pièces. Belles épreuves.

268 — Treize culs de lampe.

269 — Marillier. — Idilles de St-Cyr. — Deux vignettes.

En tout trois pièces. Belles épreuves.

270 — Cul de lampe pour une fable de Dorat.

Très-belle épreuve en tirage à part.

271 — Deux culs de lampe et un haut de page.

272 — Queverdo. Deux vignettes.

Belles épreuves.

GESSNER (Salomon)

273 — Œuvres de S. Gessner. Vingt et une vignettes.

Tres-bon tirage et grandes marges.

MARILLIER, MONET, ET LECLERC

274 — Vingt-huit pièces, frontispice pour le Rousseau, in-°.

Très-belles marges.

MOREAU (le Jeune)

275 — Les deux Dévotes. *Conte d'Imbert.*

Epreuve avant le n°. Très-belle épreuve.

276 — Cinq culs de lampe pour le Molière de Bret.

277 — Collection d'un portrait et de onze vignettes pour le Regnard (Paris. Crapelet. 1810).

En tout douze vignettes, dont les cinq dernières de Marillier et le portrait gravé par Tardieu. Très-bon tirage, marges.

278 — Trente-six vignettes et un portrait pour le J.-J. Rousseau de Londres, 1782.

Il manque une vignette pour que la suite se trouve complète.

MOREAU ET CHOFFARD

279 — Dix culs de lampe pour les titres de J.-J. Rousseau de Londres 1782.

Belles épreuves.

PICARD (BERNARD)

280 — Le Lutrin de Boileau. Album de six vignettes, un titre et le frontispice. Huit pièces.

Superbes épreuves, grandes marges.

281 — Les Sciences et les Lettres. Neuf pièces.

Bonnes épreuves.

POMPADOUR (MARQUISE DE)

282 — Nymphes, Satyres et Amours.

Très-rare épreuve d'essai à l'eau forte. Grandes marges.

283 — La même estampe et son pendant.

Bonnes épreuves rognées dans la marge.

PRÉVOST (B.-L.)

284 — Haut de page de : l'Art de vérifier les dates

Bonne épreuve.

PRUDHON (P.-P.)

285 — Daphnis et Chloé. Trois vignettes in-4°.

Belles épreuves.

DIVERS

286 — Trente frontispices divers.

287 — Un lot de vingt-cinq vignettes.

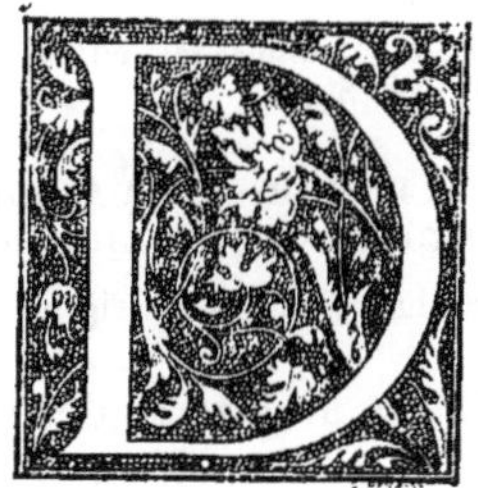ESSINS

ANONYME

288 — XVIe siècle. — Personnages à la plume sur papier teinté. (École Florentine.)

289 — XVIIIe siècle. — Poète surpris par des Nymphes. A la pierre d'Italie.

290 — XVIIIe siècle. — L'enlèvement nocturne.

Petit croquis rappelant la composition de Baudouin. A la plume.

291 — XVIIIe siècle. — Testament de Louis XVI.

Texte et figures à la plume.

DESSINS AUTOGRAPHES

292 — M. DE SAULCY (sénateur, 1861).

Petite maison à la plume.

293 — M. J. DE VERNEILH.

Plusieurs croquis à la plume, au crayon, sur la même feuille.

294 — M. BOESWILWALD (Architecte-Inspecteur des Monuments historiques).

Porche de la Cathédrale d'Amiens, fait en 1840. Superbe dessin à la mine de plomb fixé. Signé.

295 — MÉRIMÉE (Prosper), membre de la Commission des Monuments historiques. — Don Quichotte.

Ravissant dessin à la plume, au dos inscription en russe.

296 — VIOLET LE DUC (Eug.), architecte de Notre-Dame.

Croquis pour le sommaire de l'Encyclopédie d'architecture. Signé. A été gravé.

297 — Croquis fait pendant la séance de la Commission du Concours pour la restauration des vitraux de la Sainte Chapelle de Paris.

Charmant dessin de vitrail, à la plume. En haut du dessin, le nom des concurrents, les croix indiquant probablement le vote.

298 — Croquis à la plume.

Deux feuilles.

299 — CHAUVET. — Coupe de fayence d'Oiron du Louvre.

Charmant croquis, grandeur d'exécution, est fait à la plume et au crayon sur un fond lavé. A été gravé dans l'*Art pour tous.*

300 — Vase en gré de Flandres.

A la mine de plomb. Gravé dans l'*Art pour tous.*

301 — Vase bronze japonais.

Crayon lavis et gouache blanche. Gravé dans l'*Art pour tous.*

DURAND BRAYER

302 — Croquis fait pendant l'expédition de Crimée.

Les bons dessins de cet artiste sont très-rares.

GEOFFROY

303 — Almanach des enfants. Arlequin dansant.

A la mine de plomb et aquarelle.

304 — Almanach des métiers.

A la mine de plomb et aquarelle.

305 — Titres des chansons populaires.

A la mine de plomb, aquarelle.

GRANVILLE

306 — La Belle Étoile. — L'Étoile fixe. — L'Étoile du soir. — L'Étoile de minuit. — L'Étoile de mer.

Ces cinq dessins furent dessinés dans les dernières années de la vie de Granville.

LE CLERC (Sébastien)

307 — Quatorze petits dessins à la plume, représentant des places fortes et châteaux.

Parfaitement dessiné ; ces dessins sont rares

MOREAU LE JEUNE

308 — Dessin de vignette pour l'Histoire romaine.

Plume et lavis.

309 — Projet de plafond pour le château de Versailles.

Belle composition à la pierre d'Italie.

SALIMBENI

310 — Dessus d'autel.

Beau dessin lavé de bistre.

STAAL

311 — Nymphes dansant.

Crayon mine de plomb.

TRAVIES (C.-J.)

312 — Deux dessins pour chansons bachiques.

Mine de plomb et touches de pastel.

LA BELLE (Étienne)

313 — Cavalier. — Personnage debout. Deux pièces.

Bons dessins à la plume.

314 — École italienne. Dix dessins.

315 — Lot de dessins de l'école italienne.

316 — Lot de dessins de toutes les écoles.

317 — Sous ce numéro, il sera vendu un fort lot de gravures et quelques dessins de fleurs.

www.ingramcontent.com/pod-product-compliance
Ingram Content Group UK Ltd.
Pitfield, Milton Keynes, MK11 3LW, UK
UKHW021529260726
13993UKWH00004B/1885

9 782329 502311